SUR LES COLONIES.

OPINION

DE

PLUSIEURS NÉGOCIANS

DE NANTES,

PRÉSENTÉE

A MESSIEURS LES MEMBRES

DE LA CHAMBRE DES DÉPUTÉS.

A NANTES,

De l'Imprimerie de Forest, près la Bourse.

Décembre 1821.

SUR

LES COLONIES.

AVANT 1775, l'Amérique n'offrait que des Colonies européennes, entièrement soumises à leurs métropoles respectives, ne pouvant vendre qu'à la mère patrie les produits de leur culture, ne pouvant acheter que de la mère patrie les objets nécessaires à leurs besoins.

Dans cet état de choses, chaque colonie était véritablement exploitée par sa métropole; et comme le même joug pesait sur toutes, elles ne pouvaient communiquer entre elles que par un faible commerce interlope.

L'émancipation des colonies anglaises qui forment l'importante puissance des États-Unis, a commencé à changer cet état de choses.

Un peuple libre parut au milieu de ces colonies esclaves de leurs métropoles. Il était naturel qu'il cherchat à se lier avec elles ; et il y était d'autant plus invité , qu'il consommait leurs produits, et qu'il pouvait fournir à leurs besoins, à meilleur marché que leurs métropoles.

C'est aussi ce qui arriva : le commerce interlope avec ce peuple libre devint de plus en plus considérable ; il fut impossible de le réprimer.

La France sentit la nécessité de composer avec ces nouveaux intérêts, et l'arrêt du Conseil, de 1784, régla les objets qu'il fut permis aux États - Unis d'importer dans les colonies, et d'en exporter.

Peu d'années après, la révolution française éclata ; l'insurrection de Saint-Domingue détruisit la plus belle colonie française, la France, déchirée en dedans et en dehors, fut, pendant trente années, isolée de l'Amérique ; il ne pouvait plus être question de marine ni de colonies.

Mais pendant ces trente années, les États-Unis ont pris un accroissement considérable. Au lieu de colonies naissantes, on a retrouvé un peuple riche, industrieux et puissant ;

Et sur d'autres points de l'Amérique méridionale, de nouvelles émancipations ont eu lieu ; le Brésil a été ouvert aux étrangers, et les vastes domaines de l'Espagne le sont en partie.

Ainsi l'aspect politique de l'Amérique a changé. Au lieu de colonies esclaves, paraissent des peuples libres, ou délivrés en partie du joug sévère de leurs métropoles.

Ces peuples cultivent les denrées nécessaires à nos goûts et à nos jouissances, et ont besoin de nos marchandises françaises.

La France peut donc ouvrir avec eux des relations commerciales.

Mais dans toutes relations commerciales, le mode d'échanges réciproques est celui qui est le plus naturel, et qui offre le plus d'avantage.

C'est ici que se présentent les difficultés.

La France a conservé des colonies. Ces colonies lui fournissent le sucre nécessaire à sa consommation, et, en moindre quantité, les autres denrées exotiques.

L'idée naturelle a été d'abord de conserver ces colonies, et d'y continuer l'ancien régime colonial, savoir :

D'assurer à tous leurs produits le privilége de la consommation de France, par des surtaxes sur les produits étrangers analogues, et de fournir à tous leurs besoins, en y prohibant toute relation avec les étrangers.

Mais à l'exécution, ce régime ancien a trouvé de grandes oppositions.

D'abord ces relations des colonies avec les étrangers qu'il fallait prohiber, avaient pour elles de grandes forces de convenances et de nécessité. Elles fournissaient les colons d'objets de première nécessité, à des prix bien au-dessous de ceux de la métropole ; elles consommaient en échange les produits coloniaux en assez grande abondance.

Ces relations des colonies avec les étrangers, étaient donc des relations naturelles, que la force peut, non détruire, mais seulement suspendre ; tôt ou tard elles reparaissent.

Un autre inconvénient s'est fait sentir.

Soit défaut de culture, soit vice de terrain, toujours est-il constant que les sucres des colonies françaises des Antilles, sont inférieurs en qualité à ceux des autres peuples leurs voisins, et qu'ils reviennent aux colons français à un prix de façon bien plus élevé.

De sorte que, par le rétablissement de

cet ancien régime colonial, on a mécontenté toutes les parties intéressées.

Le colon s'est plaint du haut prix des objets fournis par la métropole, et a voulu continuer à se les fournir à meilleur compte, et de lieux plus à sa proximité.

L'armateur français s'est plaint de cette infraction au régime colonial, et dans la crainte de trouver aux colonies des objets étrangers, analogues à ceux qu'il pouvait porter de France, il n'en a porté qu'en hésitant. Il en est résulté des alternatives d'abondance et de disette, qui ont forcé de rouvrir momentanément les relations avec les étrangers : nouvelle source de plaintes réciproques.

Ce même armateur français s'est plaint de ne pouvoir lier des opérations avec les nouvelles contrées ouvertes dans l'Amérique, parce qu'il y payait des droits onéreux, en représaille des surtaxes mises en France, et parce que ces mêmes surtaxes l'empêchaient de vendre les produits étrangers qu'il rapportait en retour.

Les producteurs français se sont plaints de ne pouvoir, par la même cause, profiter des débouchés que ces nouvelles contrées offraient à leur industrie.

Enfin, le consommateur français s'est plaint de ce que le privilége colonial lui faisait consommer des denrées inférieures, à des prix plus élevés, que ne lui seraient revenus des denrées étrangères, supérieures en qualité.

Ces plaintes réciproques se sont constamment fait entendre depuis la paix, et elles ont été d'autant plus vives, que la nécessité de travailler, et la simplification des communications ont considérablement augmenté la masse des travailleurs, et que cette masse cherche de tous côtés de l'emploi.

C'est dans cet état de choses, que le Gouvernement français sent la nécessité de régler ces rapports de commerce, et appelle l'examen et la discussion des grandes questions qui en dérivent.

Ces questions sont ainsi posées par le Ministre de l'intérieur.

.re Question. Convient-il de diminuer les surtaxes existantes en France, en faveur des productions de nos colonies, dans le but de donner à notre commerce les moyens d'établir en d'autres pays des relations commerciales, et d'ouvrir à notre industrie de nouveaux débouchés ?

Quelles seraient, en cas de diminution de la surtaxe, les moyens d'indemniser les colonies? Cette indemnité se trouverait - elle dans une plus grande latitude accordée à ces colonies, sous le rapport de leurs relations commerciales avec l'étranger?

La seconde de ces questions est le corollaire de l'adoption de la première.

C'est sur la première que doit porter l'examen le plus sérieux.

Et, d'abord, comme il est constant que le sucre fait le principal article du commerce de la France avec l'Amérique, que cet article ne peut être fourni par nos colonies, qu'à des prix plus élevés que ceux des autres colonies, que, par conséquent, les sucres des colonies françaises ne peuvent supporter la concurrence des sucres étrangers, sans une surtaxe en leur faveur, il s'ensuit qu'une réduction dans cette surtaxe pourra être un coup destructif pour nos colonies.

Cette conséquence a été sentie par tous les esprits qui se sont occupés de la première question, et, au moment actuel, ils se trouvent divisés en deux opinions.

L'une est de conserver nos colonies actuelles, d'en augmenter le nombre, d'y maintenir dans toute sa rigueur l'ancien régime colonial, afin d'assurer à la France le commerce d'approvisionnement et de transport de ces colonies, en même-tems que le maintien et même l'augmentation des surtaxes actuelles, assurera aux produits des colonies, le privilége de la consommation de la France.

L'autre est d'abandonner le systême de colonisation, et d'ouvrir avec les nouveaux peuples de l'Amérique, des rapports fondés sur des besoins réciproques.

LA première opinion se présente appuyée sur d'anciennes habitudes, et se recommande à l'esprit par la simplicité d'exécution.

Rien n'est tel, disent ses partisans, que d'avoir par soi-même ce dont on a besoin. Si un pays offre ce qui nous manque, et a besoin de ce que nous produisons de trop, l'occupation exclusive de ce pays sera une augmentation avantageuse de territoire.

Les colonies offrent cette augmentation avantageuse de territoire. On y est assuré d'un débouché cónstant de produits français, et, par réciprocité, leurs produits sont assurés d'un débouché constant en France.

Tandis que des relations étrangères sont soumises aux volontés du Gouvernement qui régit les pays où elles sont établies, et n'offrent, par conséquent, aucune stabilité.

Ces raisons sont fondées sur l'expérience. On doit donc s'attacher à suivre le systême colonial ; mais pour que ce systême produise tous ses bons effets, il faut prohiber sévèrement toute concurrence étrangère nuisible.

C'est ce qui n'a pas été fait pour les colonies françaises actuelles, et c'est-là la cause du mal-aise commercial qui se fait sentir.

D'une part, on a permis, sous divers prétextes, aux colonies, de recevoir des approvisionnemens de l'étranger,

Et de l'autre, la surtaxe sur les produits étrangers en faveur de ceux des colonies, n'est pas assez forte, pour assurer à ces derniers la certitude d'être consommés en France.

Il faut augmenter ces surtaxes, de manière que le produit étranger puisse se placer en France, seulement lorsque nos colonies, par quelque cause extraordinaire, ne pourront pas fournir à la consommation ;

Et il faut prohiber aux colonies toute introduction étrangère, en les forçant de tout recevoir de la mère patrie.

L'exécution de ces deux mesures simples et naturelles, provoquera le développement d'un commerce immense.

On peut en juger l'effet sur les deux colonies de la Martinique et de la Guadeloupe.

En ce moment, elles consomment par an 15 *millions* de produits français, et cependant on leur permet de recevoir de l'étranger, des bois, des morues et autres objets, en échange desquels l'étranger achète leurs sirops.

Si on leur refusait cette tolérance, on peut assurer que la masse des importations françaises y monterait à 3o millions, et que la France occuperait sur ces deux points seuls, 8o mille tonneaux de bâtiment, qui donneraient 15 millions de fret, parce que, en sus des sucres, nous exporterions 4oooo barriques de sirop. Ces sirops, convertis en tafia, seraient une source d'industrie pour la France, et de commerce avec le nord, d'où il résulterait de nouveaux avantages.

On ne peut pas craindre que les colonies manquent de quelques objets. La France assurée d'être seule admise à vendre, portera de tout en abondance.

On ne peut pas craindre que le colon profite du privilége d'être seul admis en France, pour s'assurer de grands bénéfices au détriment de ses compatriotes ; la culture s'augmentera en proportion des besoins, et la mère patrie peut fonder de nouvelles colonies, si les premières paraissent insuffisantes.

On peut craindre que, par suite des fournitures forcées de la mère patrie et d'autres causes locales, les produits coloniaux ne soient plus chers que ceux de l'étranger. Mais ce sacrifice, imposé aux consommateurs de la mère patrie, existe déjà sur beaucoup d'autres objets, dont la fabrication n'est soutenue en France que par la prohibition des produits étrangers analogues. L'union des différentes parties d'un empire doit être une communauté de biens et de maux.

A ces avantages qu'offrent des colonies, qu'on compare ceux qu'on prétend retirer des relations étrangères.

L'expérience n'est pas en leur faveur.

Les essais faits dans les possessions portugaises et espagnoles, et dans l'Inde , ont souvent donné de la perte, et n'ont fait déboucher que de faibles quantités de produits français. La vente de ces quantités n'a pas suffi pour acheter les objets que la France tire de ces pays ; il a fallu les solder par des tirages sur Londres.

Quand même les achats y seraient plus considérables, on ne peut espérer y faire de plus grandes ventes,

Parce que les français y payent de plus forts droits que les nationaux, et même que d'autres européens nos concurrens ;

Parce que nos produits manufacturés sont plus chers et de moindre qualité que ceux fournis par ces concurrens ;

Parce que notre navigation , trop coûteuse, en élève encore le prix.

La France doit donc ne pas compter sur de grands débouchés, dans ces relations étrangères, qui, d'ailleurs, n'offrent aucune stabilité, mais s'attacher à ses colonies actuelles, tâcher d'en créer de nouvelles, maintenir dans toutes, le régime prohibitif qui lui assure des débouchés stables et constans, et lui réserve à elle seule, tous les avantages du commerce maritime qui en résulte.

En conséquence, et pour répondre sur la première question du Ministre:

Loin de diminuer les surcharges actuelles, existantes, il faut les augmenter.

————————

 La seconde opinion se présente avec désavantage.

Elle a contre elle un ancien axiome d'armateur : *point de colonies, point de marine.*

Elle a de plus, contre elle, un sentiment d'orgueil national, qui veut se passer de toute intervention étrangère.

L'axiome était juste avant 1775. Il ne l'est plus aujourd'hui que des peuples libres en Amérique peuvent communiquer avec la France.

Et s'il est louable de vouloir se passer des étrangers, encore faut-il le faire sans désavantage réel.

Or, dans un système de colonisation, les deux premiers résultats à chercher doivent être,

1.º De fournir à la France, à meilleur

compte, ou au moins à aussi bon compte
que l'étranger, les objets dont elle manque,

Et 2.° de lui faire déboucher à aussi
bon prix qu'à l'étranger, les objets qu'elle
produit de trop.

Et il faut d'autant plus s'attacher à ces
bases, que le système de colonisation, détruit toutes relations étrangères de commerce analogues.

Pouvons-nous espérer ces resultats?

Dans nos colonies actuelles la culture
ne peut avoir lieu qu'au moyen de bras
de nègres, et le même inconvenient se fera
sentir dans toutes les nouvelles qu'on vou-
dra fonder. Sous ce rapport, des colonies
ne peuvent déboucher le superflu de notre
population.

La prohibition de la traite élevera le prix
des nègres, et, par conséquent, les frais
de culture, et si les nègres introduits en
fraude, ne se renouvellent pas par eux -
mêmes, on peut craindre une diminution
de culture.

Ce sera toujours une grande cause de
cherté des produits coloniaux.

Et une autre cause aussi efficace, sera l'obligation de tout tirer de France, de sorte que les objets de première nécessité pourront coûter le double de ce qu'ils valent dans des pays étrangers de même culture.

On en voit l'exemple dans un article important, la farine. Le baril coûte 4 piastres aux États - Unis, et 8 piastres en France.

Ce seront donc deux grandes causes de cherté, causes constantes et irrémédiables.

Nos colonies fabriqueront donc cher tous leurs produits; ces produits nous reviendront plus cher que si nous les tirions de l'étranger, et ainsi le premier résultat à chercher dans un système de colonies, sera contre la France, au lieu d'être en sa faveur.

Et sous le rapport du second résultat à chercher, la France ne peut pas espérer de grands avantages, en se bornant à vendre à ses colonies ; l'importance de ces colonies ne peut s'accroître au-delà des besoins de la mère patrie; un excédent de produits coloniaux ne pourrait s'exporter de France au dehors, puisqu'il y rencontrerait des produits pareils, à meilleur compte. On peut donc seulement se flatter que la France, vendra dans ses colonies, à aussi bon prix qu'à l'étranger ; mais ses débouchés seront bornés à l'importance de ses colonies, et l'importance des colonies sera bornée à la consommation de la France. Au-delà de cette borne, on ne peut espérer aucun accroissement.

On peut juger l'effet de ces deux résultats à chercher, sur les deux colonies de la Guadeloupe et de la Martinique.

Sous le rapport du premier résultat, leurs produits sont plus élevés que les produits étrangers, parce que la culture est fort chère, par suite du haut prix des nègres, à la répopulation desquels des causes locales semblent s'opposer, et du haut prix des objets de première nécessité, dont cependant une partie est, en ce moment, fournie par les étrangers, à plus bas prix que la France. On veut supprimer cette tolérance. Il en résultera nécessairement une plus grande élévation de prix sur les produits.

Et sous le rapport du second résultat, il paraît certain que ces colonies fournissent, au moins, le sucre nécessaire à la consommation de la France. Elles sont donc déjà rendues à la borne de leur importance : l'importance des débouchés qu'y fait la France, ne pourra augmenter, à moins qu'on ne lui réserve l'importation des articles, qu'on permet encore aux étrangers de fournir, et c'est aussi ce que les partisans de la première opinion sont obligés de demander.

Observons, au sujet de ces nouvelles importations et exportations coloniales, réclamées pour la France, qu'il est à-peu-près illusoire de compter en bénéfice le fret de 40000 barriq. de sirops transportées en France, pour y faire du tafia. Les essais faits sur cette matière dans nos raffineries, n'ont pas été fructueux, et s'il faut se borner à en tirer des rhums pour les porter dans le nord, ils y arriveront chargés des frais de l'escale en France, pour s'y vendre en concurrence avec des rhums tirés directement des autres colonies étrangères.

Les colons se plaignent de la baisse des sucres, suite inévitable du balancement de l'importation et de la consommation, et qui doit augmenter avec une plus grande importation. Mais c'est à tort qu'ils espèrent un mieux dans une légère diminution de droits, et dans une surtaxe plus élevée sur les sucres étrangers. Il est difficile qu'une réduction de droits favorise le colon. Il a le privilége de fournir la France de sucres ; il est donc à même de le vendre au prix qui lui est nécessaire pour se retirer. Le consommateur paye de plus l'impôt de consommation établie en France, et cet impôt ne paraît pas assez élevé pour réduire la consommation. Dans cet état de choses, si le sucre continue de baisser, c'est une preuve que le colon en importe trop, et dès-lors l'importation et la consommation restant les mêmes, si on diminue l'impôt, le consommateur en profitera ; mais le prix de vente du colon n'en augmentera pas, à moins que cette diminution d'impôts n'augmentât considérablement la consommation. Pour espérer cette augmentation, il faudrait une réduction *considérable* dans l'impôt, et son effet se bornera à faire écouler en France le superflu de l'importation, à empêcher une baisse ultérieure, mais non à augmenter les prix de vente actuels.

C'est-là cependant la seule ressource qu'on peut offrir au colon.

Quant à une nouvelle surtaxe sur les sucres étrangers, équivalente à une prohibition, elle est inutile, la prohibition a lieu par le fait avec la surtaxe actuelle qui couvre au-delà de la différence qu'il peut y avoir dans les frais de production de nos colonies, comparés à ceux des étrangers. Il ne peut pas se consommer de sucre étranger en France, du moment que nos colonies, à !avantage pour le moins égal, en fournissent plus que la quantité nécessaire à la consommation.

D'après ces exemples de nos colonies actuelles, on peut être assuré que dans un système colonial, les débouchés seront bornés, et la production chère. Le consommateur français paiera donc ces produits plus cher. Cet excédent de prix constitue un véritable impôt indirect.

Qui en profite?

Ce n'est pas le colon: du moment qu'il peut fournir à tous les besoins de la France, et qu'il ne peut vendre à aucun autre pays, il voit les prix de ses produits se réduire à ce qui lui est strictement nécessaire pour se retirer.

Ce sera en partie les producteurs de France, qui exporteront de plus fortes quantités.

Ce sera en plus forte partie les navigateurs qui auront plus de fret à transporter.

Il n'est pas étonnant que de bons esprits se soient laissé éblouir par ce grand déve-

loppement de navigation et d'opérations commerciales, résultant de colonies exploitées
par la France seule. C'est l'effet naturel du
privilége ; mais si, en définitif, le consommateur paie plus cher, c'est lui qui en fait
les frais, et il n'y a rien de gagné pour la
nation dans cette masse d'activité. C'est de
l'argent changé entre les différentes classes
de citoyens, sans qu'il en résulte aucune
valeur nouvelle.

On insiste cependant sur ce système ; on
affirme que c'est une bonne opération de
prohiber les produits étrangers, pour les
créer soi-même, même à plus de frais,
quoiqu'il n'en résulte aucun bien pour la
masse de la nation. On ajoute que le même
privilégé, réclamé pour les produits coloniaux, existe en France pour les vins, les
huiles et les produits des manufactures.

Il est vrai que ce système prohibitif est
suivi en France, et adopté par toutes les
nations de l'Europe ; que toutes ont la pré-
tention de faire tout par elles-mêmes, de
repousser les produits étrangers, de vouloir
toujours vendre et jamais acheter ; il en
résulte des guerres de douane, aussi destruc-
tives que des guerres à main armée, et la
conséquence inévitable de ce système est

d'isolér chaque peuple de ses voisins. Ce n'est pas certainement le but que s'est proposé la Providence, en mettant des produits divers dans chaque climat, en donnant à chaque peuple des talens différens, afin, sans doute, de les engager à se réunir par des échanges mutuels de leurs produits. Le système prohibitif détruit ces vues bienfaisantes, ferme toute communication entre les peuples, et nous ramenerait à la barbarie, s'il était possible de l'exécuter. Heureusement que son absurdité commence à se faire sentir, et qu'on peut espérer le voir abandonner pour revenir à des idées plus naturelles d'échanges réciproques.

Mais même en admettant la nécessité de suivre ce système, parce que les autres nations le suivent, et que nous craignons, quoique à tort, d'être dupes de notre générosité, en l'abandonnant les premiers, en admettant la possibilité de le suivre en France, où toutes les parties du royaume sont liées, est-il possible de l'appliquer aux colonies ?

D'abord la fraude y est bien plus difficile à réprimer.

Mais, de plus, quand le système prohibitif a fait élever en France de nouvelles fabriques, nous sommes surs de les conserver. En est-il de même des établissemens coloniaux? Sommes-nous assurés de les conserver à jamais, pour ne pas perdre le fruit de nos sacrifices, et y trouver cette stabilité dont se flattent les partisans de la première opinion ?

Nous ne pouvons l'espérer, même avec une marine puissante. A la première guerre maritime, générale ou particulière, nos colonies pourront nous être ravies, ou elles seront, pour le moins, séparées par l'effet de la guerre de la mère patrie. Leur approvisionnement deviendra plus coûteux, leurs exportations en France plus onéreuses. La mère patrie et les colonies éprouveront de dures privations, et le commerce maritime, fondé uniquement sur ces relations coloniales, sera anéanti pendant toute la guerre.

Et à ce sujet, nous pouvons aussi citer l'exemple des États-Unis, dans la circonstance actuelle. Il se peut que leurs prétentions soient injustes, et que le Gouvernement français n'aie pas répondu à leur agression, d'une manière assez ferme. Notre marine se voit repoussée de leurs côtes ; mais il nous reste d'autres peuples où nous pouvons nous porter ; et quand même nous eussions interdit l'entrée en France de toute denrée, provenant des États - Unis , nous n'aurions pas éprouvé de privations entières , d'autres peuples nous auraient offert des denrées analogues.

Que si, adoptant le systême colonial, au lieu de la séparation volontaire des États - Unis, on suppose la séparation violente d'une colonie , quelles privations n'en résulte-t-il pas de suite pour la mère patrie ? Il n'existe pas alors de relations étrangères, capables de la remplacer, et en attendant que le besoin les crée forcément, combien de désordres intérieurs n'en peut-il pas résulter dans la métropole ?

Ainsi, dans l'état politique actuel de l'Amérique, si la France continue de suivre le systême de colonisations,

Les produits coloniaux seront plus chers ;

Les avantages particuliers que peuvent y trouver quelques classes de citoyens, seront, en définitif, payés par la masse de la nation.

Les avantages généraux en seront donc nuls;

La stabilité des relations maritimes sera précaire,

Et l'adoption de ce systême nous fera renoncer à toutes relations de commerce, étrangères, analogues.

Mais ces relations étrangères qu'on veut prohiber,

1.º Fourniraient au consommateur des denrées à plus bas prix ;

2.º Offriraient à la France les mêmes avantages pour sa marine et ses manufactures ;

3.º Seraient susceptibles d'accroissement,

4.º Et présenteraient plus de stabilité.

Ces assertions sont fondées :

1.º D'abord, l'infériorité de prix de leurs produits n'est pas contestée.

2.º Sur le second point, dù moment que nous n'aurons plus de surtaxes, que nous recevrons tous ces produits étrangers, à un droit égal de consommation, nous pourrions fonder ces relations étrangères sur des bases d'égalité réciproque ; les droits élevés qui nous écrasent aujourd'hui par représaille, n'existant plus, notre marine et nos manufactures n'auront dans ces relations d'autres concurrences que celles du peuple où elles seront fondées. Cette concurrence, appuyée sur des droits égaux de part et d'autre, est une concurrence simple, naturelle, de laquelle seule peuvent naître de nouvelles idées, de nouveaux perfectionnemens. Cette concurrence n'existe pas dans le système colonial, le privilége assuré à notre marine et à nos manufactures, détruit toute émulation, et n'excite à aucun perfectionnement. Aussi notre marine est-elle plus coûteuse que celle des autres peuples. Ce n'est pourtant pas faute d'intelligence, faute de bonnes constructions, faute de matériaux ; c'est uniquement faute d'expérience. Il en est de même pour nos manufactures : elles ne se perfectionneront que par l'effet de la concurrence.

Nous sommes donc fondés à croire que ces relations étrangères, basées sur des droits égaux entre les deux peuples, donneront à notre marine et à nos manufactures la perfection qui leur manque, pour y déboucher de plus grandes quantités de produits. En ajoutant à ces bases celle de l'acte de navigation, notre marine sera toujours assurée d'avoir au moins l'emploi nécessaire à son maintien actuel.

Et quand même, contre toute expérience, contre toute régle de bon sens, il se pourrait que nous ne puissions créer dans ces pays étrangers aucun débouché, la France en masse n'y perdrait pas. L'économie qu'elle ferait sur ses achats de produits étrangers, l'indemniserait de ses moindres exportations coloniales, et du moindre développement de sa marine.

3.º En troisième lieu, ces relations étrangères sont susceptibles d'accroissement, puisqu'elles peuvent s'étendre à tous les peuples, s'augmenter avec leurs progrès, tandis que dans le système colonial elles sont forcément bornées au nombre de colonies nécessaires.

4.º Enfin elles présenteront plus de stabilité ; car la France ne pourra pas être en guerre avec tous les peuples à-la-fois, et même l'intérêt de chaque peuple américain avec lequel elle commercera, sera de rester en paix avec elle, pour profiter de sa consommation, en place du peuple américain qui lui fera la guerre. Ce sera un motif de ne pas craindre une guerre générale.

Tandis que dans le système colonial, à la moindre guerre maritime, les colonies se voyent menacées, souvent prises, pour le moins séparées de la mère patrie, et nous pouvons ajouter que leurs intérêts particuliers renforcent ces chances de séparation. Leur attachement à la mère patrie, sur lequel on veut compter, a presque toujours été, à l'épreuve, trouvé bien faible et bien équivoque.

En résumé,

Plus un marché est étendu, plus il s'y fait d'affaires.

Le système colonial resserre le marché;

Les relations étrangères l'étendront; on y trouvera l'emploi de cette surabondance d'industrie qu'on remarque avec peine , sans occupation.

On est donc conduit à désirer que la France renonce à son système de colonisation; qu'elle renonce à fabriquer cher , des objets que l'étranger peut lui fournir à meilleur compte; alors elle pourra augmenter ses relations étrangères, susceptibles d'un accroissement continuel, plus profitables à sa propre industrie, et d'un état de stabilité moins précaire.

En conséquence, et pour répondre sur la première question du Ministre :

Il faut au moins diminuer les surtaxes, si on ne veut pas encore les supprimer.

En comparant ensemble ces deux opinions, les raisons alléguées à l'appui de chacune d'elles, et les rapportant à l'état politique actuel de l'Amérique, on est entraîné à conclure en faveur de la seconde opinion.

Mais si on adopte les conclusions de la seconde opinion, il est de toute justice d'indemniser les colonies françaises actuelles.

Et, de plus, un changement d'administration aussi important demande, à l'exécution, la plus grande circonspection, de manière à froisser le moins possible, les intérêts engagés dans le système qu'on veut changer.

S'il était possible d'essayer des relations étrangères, en les fondant sur une égalité de droits réciproques, sans cependant abandonner nos colonies, et de manière à pouvoir, en cas de non succès, revenir sans efforts au système de colonisation;

Ce mode d'exécution serait à préférer.

Il serait une mésure transitoire entre l'ancien et le nouveau système; il pourrait concilier les partisans de la première et de la seconde opinion.

Le projet de M.r Dobrée paraît réunir ces avantages.

Il conserve aux colonies actuelles la prime ou surtaxe en leur faveur. Au lieu d'être accordée à l'entrée de leurs produits en France, elle sera payée à la sortie de la colonie, mais seulement sur les produits expédiés à une autre destination que la France, et toujours par bâtiment français.

Alors les produits américains, de toute origine, seront tous taxés aux mêmes droits, en France.

Ce qui permettera de fonder des rélations étrangères, sur des bases d'égalité réciproque. —

Dans ce projet :

Les colonies actuelles restent dans la même situation. Leurs produits, au lieu de venir en France, peuvent, au moyen de la prime, soutenir partout la concurrence des produits analogues ;

La Marine française aura toujours le transport des produits coloniaux ; et de plus une grande partie des transports des autres produits que fourniront les relations étrangères.

Les producteurs français auront toujours le débouché des colonies, et de plus le débouché plus ou moins important qu'ouvriront les relations étrangères.

Le consommateur français ne paiera pas les produits américains plus cher, parce que la différence en plus dans le droit, sera compensée par la différence en moins dans l'achat.

On a objecté contre ce projet :

1.º Qu'il était bizarre de porter nos produits coloniaux, aux consommateurs étrangers, pour acheter de producteurs étrangers, des produits pareils, au lieu de consommer directement les nôtres.

Cette bizarrerie tient à l'état actuel des choses, et provient de ce que l'auteur veut ménager les colonies françaises, en essayant d'établir des relations étrangéres. Si on se décidait à abandonner de suite nos colonies, sans s'inquiéter de leur sort futur, il n'y aurait plus de bizarrerie.

2.º Qu'il valait mieux porter de suite au dehors, ces sucres étrangers.

Mais dans l'état actuel des relations étrangères, écrasé de droits qu'il ne peut alléger, parce que la France, à cause de ses colonies, ne peut offrir de réciprocité, le commerce français ne peut pas faire ce commerce de transit. Il serait écrasé de droits, aux lieux d'achat, et aux lieux de vente.

3.º Que la prime ne serait point suffisante parce que notre navigation, déjà très-coûteuse, le serait encore plus par les droits à payer dans les lieux de vente, étrangers, ce qui diminuerait l'effet de la prime.

On à déjà observé que l'expérience et l'habitude manquent seuls à notre marine. En les acquérant, elle acquerra l'économie qui lui manque; et, de plus, dans le projet en question, la marine française étant assurée de fret continuel, pourra les exécuter au plus bas prix possible.

4.º Que cette prime ne sera pas stable, parce que la France se séparera, par l'effet de l'exécution du projet, de ses colonies, et cessera de vouloir payer la prime.

Ce cas ne peut arriver que lorsque la France aura tout-à-fait établi ses relations étrangères; alors la séparation de ses colonies lui sera moins sensible. Au surplus, le projet la laisse maîtresse d'exécuter cette séparation au moment convenable, et on peut croire qu'à la même époque les colonies auront contracté des liaisons étrangères, qui leur rendront moins pénible leur séparation de la mère patrie.

Ces objections ne sont donc pas fondées.

Une plus forte naîtrait de là difficulté de réprimer la fraude que fera naître la prime.

Mais la même difficulté existe dans le système colonial, pour réprimer la fraude des approvisionnemens étrangers, et on se flatte cependant d'y parvenir.

En résumé :

Le plan proposé par Mr DOBRÉE,

Peut s'exécuter sans inconvénient ;

Conserve les colonies actuelles ;

Permet d'en créer de nouvelles ;

Ouvre les relations étrangères ;

Encourage notre marine ;

Augmente les débouchés de notre industrie ;

Conserve les mêmes prix à la consommation intérieure ;

Et enfin, si l'expérience lui fait tort, on peut cesser son exécution,

Et revenir sans effort à l'ancien systême colonial.

On doit donc conclure à son adoption.

Les soussignés, Négocians à Nantes, qui ont pris connaissance de l'Exposé qui précède, des raisonnemens allégués en faveur du Système colonial, et de ceux allégués en faveur des Relations étrangères,

Sont d'avis,

Sur la 1.re Question.

Qu'il convient de supprimer les surtaxes actuelles, afin de favoriser l'extension des relations étrangères ;

Que le plan proposé par Monsieur Thomas
Dobrée, *membre de la Chambre de Commerce
de Nantes, peut concilier tous les intéréts.*

*En conséquence, ils supplient respectueuse-
ment Messieurs les Membres de la Chambre
des Députés, de prendre en considération le
Projet de Monsieur* Thomas Dobrée.

Nantes, le 14 *Décembre* 1821.

A. GENEVOIS,
Louis GUERIN,
Ed. GOUIN,
       } *Membres de la Chambre de
Commerce de Nantes.*

ROSSEL et BOUDET ; — Benoist BOURCARD ; —
MAES et CORNAU ; — BIGNON et C.e ; — PHILIPPE ;
— P.re - Louis LEQUEN ; — M.el DELABROSSE ; —
LEMESLE et HAUDAUDINE ; — Ed. PELTIER et C.e ; —
HAENTJENS Frères ; — James DUPUY ; — MOSNERON-
DUPIN fils ; — F.s VALLÉE et Fils ; — HARMANGE jeune ;
— R. CHARDONNEAU ; — LITOU père et Comp.e ; —
J.-B. COUY ; — JOLIN-DUBOIS et C.e ; — J. MARTIN-
SEGAUD et C.e — BOURNICHON père et fils ; —
J.-A. HARDY ; — BONFILS ; — Louis DE LANDALUSE
et Fils ; — PEYRUSSET et C.e — C.-F. PARIS ; —
SALLENTIN ; — CARRÉ et MERY ; — J.-N. BOSSET
et C.e ; — Charles PETIT ; — J.-L. LEROUX ; —
RICOU et BOUCHÉ ; — F. PUSSIN et C.e ; —
Th.s CARMICHAEL et C.e ; — J.-S. VERGER ; —
A. BRYHAND ; — SCHWEIGHAUSER ; — PIERSON ;
— S.-A. SIFFAIT ; — LAGARDE aîné et Comp.e ; —
V.e TOCHÉ aîné et CHEGUILLAUME ; — J. HOUSSAY
aîné ; — COLAS ROZIER et GOUTÉ.